평양 아주머니가 인순이를 데리고 피란을 오신 것이었읍니다.

인순이는, 하얀 입김을 손에다 호호 불며, 오돌오돌 떨고 있었읍니다. 머리는 흐트러지고, 시커먼 헌 옷을 누덕누덕 기워 입었읍니다. 아주머니는 다 해진 남자 양복 저고리를 입고, 커다란 보따리를 내려 놓으셨읍니다.

"언니, 어서 들어가십시다. 인순아, 어서 들어가자. 이 추운 날 얼마나…"

어머니는 말 끝도 미쳐 못 마차사면서, 인순이의 손을 끌었읍니다. 그 목소리는 금방 울음이 터져 나올 것 같았읍니다.

가엾게도 인순이는, 방 안에 들어오자마자, 정신을 잃고 쓰러져 버리었읍니다.

몹쓸 놈의 공산당!

짐승 같은 소련 놈들!

명길이는 공산당과 소련을, 이 때처럼 미워한 일은 없었읍니다.

평양 아주머니는 명길이의 이모입니다.

명길이가 아직 어렸을 때 평양으로 이사가신 후, 한 번도 만나 보지 못한 아주머니입니다.

명길이는, 같이 놀던 인순이가 생각나면, 가끔

"엄마, 인순이 어디 갔어?"

하고 물었읍니다. 어머니는

"저 평양 갔단다. 너 인순이 보고 싶으냐?"

하시며 웃으셨읍니다.

그 해 8월 15일, 서울 장안에는 거리마다 골목마다 사람들이 수선수선하며, 어쩔 줄을 모르고 돌아다녔읍니다.

일본이 연합군에게 항복을 하였다는 것입니다.

일본이 항복을 하였으니, 우리 나라는 독립이 된다는 것이었읍니다.

아아, 독립, 우리 나라의 독립!

우리 나라 사람들은, 이제야 다시 살아났다고, 목이 터져라 하고 아우성을 치며, "대한 독립 만세"를 불렀읍니다.

"동해 물과 백두산이 마르고 닳도록,

하느님이 보우하사 우리 나라 만세."

애국가 소리가 서울 장안을 뒤흔들었읍니다. 태극기가 하늘 높이 날리고, 거리거리를 휩쓸었읍니다. 오래 동안 벙어리 노릇만 하던 종로 인경이 잉잉 울렸읍니다.

명길이도 아버지와 어머니를 따라 거리에 나가서 함께 만세를 불렀읍니다.

"인순이네는 지금 뭘 하고 있을가?"

어머니는 문득 인순이네 집 생각이 나신 것이었읍니다. 아버지는,

"인순이네도 지금 만세를 부르고 있을 테지. 평양에서도 아마 모란봉이 떠나가도록 야단이 났을걸."

하시고는, 빙그레 웃으셨읍니다. 그리고,

"참, 인순이 아버지는 좀 기쁠가?
그 사람이 독립을 위해서 싸우다가
감옥에서 고생한 보람이 있지."

이렇게 말씀하셨읍니다

어느덧 가을이 가고 겨울이 왔읍니다.
그러는 동안에, 우리 나라에는 꿈에도
생각하지 못한 일이 차차 일어나기 시작하였읍니다.

삼팔선이라는 것이 생겨서, 우리 땅을 절반으로 갈라 놓고, 사람들이 마음 대로 오지도 가지도 못하게 된 것입니다.
그뿐만 아니라, 다른 나라들이 서로 의논

을 해서 우리 나라를 다스리게 하자는 말이 났읍니다. 그래서, 서울 시골 할것 없이

"삼팔선을 없애라!"

"독립이 아니면 죽음을 달라!"

하고, 아우성을 치며 물 끓듯 야단을 쳤읍니다.

그 때부터, 삼팔선 북쪽 사람들이 날마다 남쪽으로 넘어 오기 시작하였읍니다. 왜 정든 고향과 집을 버리고, 도망을 하듯이 몰려 내려오지 않으면 안 되었을가요?

하루는 아버지께서 어머니를 보시고,

"평양에서 온 사람이 그러는데, 인순이 아버지가 공산당한테 붙잡혀 갔다는구려! 집까지 빼앗겨서 식구들도

어디로 갔는지 모른다는걸"

하셨읍니다. 그러고, 공산당한테 잡혀 갔으니, 꼭 죽었으리라는 것입니다.

어머니는, 며칠 동안 진지도 못 잡수시고, 근심을 하셨읍니다.

인순이 아버지는, 다른 나라들이 우리 나라를 다스려야 한다는 공산당들에게 반대하였다 합니다. 우리 나라가 독립해야 한다는 것이 무슨 잘못이겠읍니까?

"공산당은 나라도 모르고 겨레도 모르는 소련의 앞잡이들이야. 그 놈들은 우리 동포라고 할 수 없거든! 한 나라 한 백성이 되려면, 먼저 공산당부터 때려 부숴야 돼."

아버지는 분을 참지 못하고, 두 주먹을 불끈 쥐는 것이었읍니다.

삼팔선을 넘어 오는 동포는 날이 갈수록 늘어만 갔읍니다.

"인순이네 식구도 어서 피해 왔으면!"

어머니는 날마다 기다렸읍니다. 그러나, 일 년이 지나도 평양 아주머니는 오시지 않았읍니다. 이 년이 지나도, 삼 년이 지나도, 인순이네 소식은 없었읍니다.

대한 민국 정부가 서게 되었읍니다.

단기 4281년 5월 10일, 명길이 아버지와 어머니는 선거장에 가서 투표를 하셨읍니다. 우선 남한에서만 국회 의원 198명이 뽑히고, 이 승만 박사가 대통령이 되셨읍니다.

8월 15일에는 우리 정부가 섰다는 것을 세계에 알리고, 서울에서는 기쁨에 넘치는 만세 소리가 또 다시 거리를

뒤흔들었읍니다. 명길이는 종로에 나가서, "대한 민국 만세"를 부르며 힘차게 지나가는 행렬을 보았읍니다. 그리고,

"인순이는 지금 뭘 하고 있을가?" 하며, 평양에 있다는 인순이를 생각하였읍니다.

이 년이 또 지났읍니다.

6월 25일, 북한 공산군들이 벼란간 삼팔선을 넘어서, 쳐 들어왔읍니다. 명길이네 집안 식구들은, 서울을 떠나서, 대구 아저씨 댁에 피란을 갔었읍니다.

"인순이는 지금 어떻게 하고 있을가?"

유엔군 비행기가 날마다 북한을 폭격한다는 말을 듣고, 명길이는 늘 인순이를 생각하였읍니다. 그리고, 10월에 다시 서울에 돌아와서, 불타고 허물어진 집터를 보고서는, 더욱 인순이와 아주머니 생각이 간절하였읍니다.

10월 19일, 우리 국군과 유엔군이 평양을 도로 찾았다는 신문을 읽고, 어머니는,

"꼭 죽었을 거야! 그 놈들이 인순이네를 그냥 두고 쫓겨 갔을 리가

있나?"

하시면서, 눈물을 글썽거리시었읍니다.

"불쌍한 인순이. 가엾은 아주머니."

명길이는 고약한 공산당이 더 미워졌읍니다.

밤새도록 눈이 내린 날 아침, 그렇게도 기다리던 인순이가 뜻 밖에 나타난 것입니다.

인순이는 왜 아버지를 잃고, 왜 헌 누더기를 입고서 오돌오돌 떨며 피란을 왔을가요?

2. 없어진 삼팔선.

인순이는 아버지가 공산당에게 잡혀 가신 후, 쓸쓸히 평양을 떠나서, 한 오십 리쯤 되는 촌 구석으로 피해 갔었읍니다.

어머니는, 혹시나 아버지가 돌아오실가 하고, 가끔 평양에 몰래 가 보셨읍니다. 그러나, 잡혀 갔다는 사람만 늘어 가고, 돌아왔다는 이는 없었읍니다.

"우리 나라가 독립해야 한다는 것이 무엇이 나쁘답? 공산당 그 놈들은 나라도 모르고 겨레도 모르나?"

사람들은 여기서 수군, 저기서 수군, 벌의 집을 건드린 것처럼 수군수군하였읍니다. 그러나, 큰 소리로 하면 언제

잡혀 갈지 몰라서, 남 몰래 수군거리기 만 하는 것이었읍니다.

평양의 경치 좋은 모란봉이 소련 이름으로 변하고, 거리의 이름까지 소련말로 바뀌는 세상이 되고 말았읍니다. 거리거리와 학교와 관청에는, 소련 놈의 두목과 그의 앞잡이 김 일성의 사진이 지저분하게 걸렸읍니다.

땅을 거저 준다고 농민을 속이고, 추수를 거의 다 빼앗아 갔읍니다. 공장 사람들을 마소처럼 부려 먹고는, 그 물건을 소련으로 실어 가고, 기계까지도 빼앗아 갔읍니다.

소련의 종 노릇하는 공산당 놈만이 행세를 하였읍니다. 태극기 아닌 새빨간 소련 깃발만이 행세를 하였읍니다.

모처럼 다시 찾은 태극기를 못 걸고 애국가를 부르면 잡혀 가는 세상이 되고 말았읍니다. 사람들은 하고 싶은 말도 못 하고, 그저 기계처럼 공산당이 시키는 대로 하고, 하라는 대로 움직이지 않으면 안 되었읍니다.

자유를 모르는 세상!

사람이 꼭두각시 노릇을 하여야 하는 세상! 동네 사람들은 하나씩 둘씩 몰래 남한으로 피해 내려가기 시작하였읍니다. 하룻밤 사이에 절반이나 도망한 동네도 있었읍니다.

공산당들은 눈이 발개 가지고 피란하려는 사람들을 잡아 가두었읍니다. 삼팔선에서는, 소련 병정들이 함부로 총을 쏘아서, 수 많은 동포들이 죽었읍니다.

그래도 삼팔선을 넘는 사람들은 끊이지 않았읍니다.

공산당들은 날이 갈수록 북한 동포들을 들볶았읍니다.

'남한 동포들이 우리를 살려 주겠지'

북한 동포들의 오직 하나 남은 희망은, 남한 사람들이 공산당들을 모조리 내쫓아 주리라는 것이었읍니다.

단기 4281년, 남한에는 마침내 대한 민국 정부가 섰다는 반가운 소식이 들려 왔읍니다. 이름난 애국자, 이 승만 박사가 대통령이 되셨다는 것입니다. 그리고 유엔이 대한 민국 정부를 우리 나라의 오직 하나인 정부로 인정하였다는 것입니다.

'이제야 우리도 살아나는구나!'

사람들은 남 몰래 혼자서 기뻐하였읍니다. 그러나, 이 기쁨도 오래 가지 못하였읍니다. 김 일성이가 제 멋 대로 정부 행세를 하고, 사람들을 더 들볶기 시작하였기 때문입니다.

원수의 삼팔선!

사람들은 남쪽 하늘을 바라보며 한숨을 쉴 뿐이었읍니다.

"우리는 언제나, 푸른 하늘에 나부끼는 태극기 밑에서 애국가를 맘껏 부를 수 있을가?"

금도 없는 삼팔선을 사이에 두고, 감옥살이 같은 살림을 하는 신세가 슬펐읍니다. 그리고, 삼팔선을 깨뜨려 주지 않는 남한 사람들이 약속하기도 하였읍니다.

단기 4283년 6월 25일.

때는 마침내 오고야 말았읍니다. 소련의 앞잡이 김 일성이가, 어리석게도 소련의 꾀임에 빠져서, 벼란간 남한으로 군사를 몰아 넣은 것입니다.

'김 일성이가 이제야 망하는구나!'

사람들은 남 몰래 기뻐하였읍니다. 어서 국군이 쳐 들어오기만 기다렸읍니다.

기다리는 국군은 오지 않았지만, 날마다 비행기가 날아와서 기관총을 내리쏘고 폭격을' 하는 것이었읍니다.

'유엔군 비행기다! 유엔이 기어코 군대를 보냈다!'

동네 사람들은 더 한층 기뻐하였읍니다. 기관총을 쏘고 폭탄을 던질 때에는, 무서워서 벌벌 떨다가도, 비행기가 오지 않는 날은, 왜 안 오나 하고 기다리었읍니다.

공산당 놈들은, 눈이 발개 가지고, 청년들을 잡아 닥아 싸움터로 몰아 넣으려고, 동네를 모조리 뒤지기 시작하였읍니다. 그 놈들은 의용군이라는 엉터리 없는 이름을 붙였읍니다. 그러나, 누가 그리운 남한을 쳐 들어가려고 의용군이 되겠읍니까? 청년들은 산 속으로 모조리 피하여 갔읍니다. 동네는 텅 비어서 쓸쓸하게 되었읍니다.

석달이 지나 10월이 되자, 국군이 삼팔선을 넘어 오기 시작하였다는 반가운 소식이 들려 왔읍니다.

거지꼴을 한 공산군들은 총도 못 메

고 밤마다 떼를 지어 북쪽으로 도망하여 오는 것이었읍니다.

'어서 국군이 왔으면!'

동네 사람들은, 쫓겨 온 꼭두 군사들이 들어와서 밥을 해 내라고 야단을 칠 때마다, 이렇게 조바심을 하는 것이었읍니다.

잊히지 않는 10월 18일 아침.

"인순 어머니."

하고, 이웃집 철호 어머니가 뛰어 들어오더니, 입을 귀에 대고,

"국군이 왔대요."

하고, 가만히 속삭였읍니다.

"예? 국군이 왔어요? 그게 정말이요?"

어머니는 철호 어머니한테 바싹 닥아

앉으시며 큰 목소리를 내셨읍니다.

철호 어머니는 손을 흔들며,

"가만히 말씀하셔요. 지금 건너편 산등으로 공산당 놈들이 모두 도망을 갔어요. 정옥 어머니가 그러는데, 탕크가 한길로 뽀얗게 몰려 오더래요. 우리 가만가만 산에 올라가 봅시다."

하고 가만히 속삭였읍니다.

인순이는 어머니를 따라 산에 올라갔읍니다. 거기에서 한길이 환하게 내려다 보였읍니다.

하늘에는 아침 노을이 발갛게 물들이여 있었읍니다.

덜그럭, 덜그럭, 우루루, 덜컹.

아아, 수 많은 탕크와 트럭이 꼬리를 물고 한길을 달리고 있지 않읍니까?

탕크와 트럭에는 깃발이 펄럭이고 있었읍니다.

"어머니, 저것 봐요. 태극기를 달았지요?"

"국군이 왔구나. 태극기를 달고 왔구나."

하시고, 어머니는 잠자코 내려다보시기만 하셨읍니다. 어머니 눈에는 아침 햇빛에 눈물이 반짝이었읍니다.

이튿날도 그 이튿날도 탕크는 지나갔읍니다. 찌엡차도 장갑 자동차도 지나갔읍니다. 모두 먼지를 뽀얗게 일으키며, 북으로 북으로 달렸읍니다. 비행기도 떼를 지어서 북으로 북으로 날아갔읍니다.

인순이는 날마다 태극기를 들고 멀리 한길 가에 나가서 만세를 불렀읍니다.

국군이 힘차게 지나갔읍니다.

유엔군이 푸른 바탕에 흰 지구를 그린 유엔기를 펄럭이며 지나갔읍니다.

공산당은 한 놈도 볼 수가 없었읍니다.

"이제야 살았다."

멀리 산 속으로 피하여 갔던 청년들

이 돌아왔읍니다. 보따리를 이고 피란했던 부인들도 모여들었읍니다.

모두들 안심하고, 허물어진 집을 고치고, 불타 버린 집터를 정리하고, 농사일을 돌보기 시작하였읍니다.

사람들은 치안대를 만들어서, 자기들 힘으로 동네를 지키기로 하였읍니다. 국군도 와서, 동네 사람들과 지나간 5년 동안 고생하던 이야기를 사이 좋게

하였읍니다. 아이들이 애국가와 군가를 부르며, 병정놀이를 하게 되었읍니다.

이 곳 저 곳에 대한 민국 포스떠가 아름답게 빛나고, 맑은 하늘에는 태극기가 펄펄 휘날렸읍니다.

아아, 이렇게도 평화스럽게 된 살림을, 중공 오랑캐들이 또 다시 깨뜨릴 줄 누가 알았겠읍니까?

동짓달도 다 지나고, 눈보라가 모질게 휩쓸던 날이었읍니다. 국군이 와서,

"여러분, 소련의 앞잡이 중공군이 몰려 들어왔읍니다. 우리는, 그 놈들을 쳐 부술 준비를 다시 차릴 동안, 남쪽으로 물러가게 되었읍니다. 여러분, 부디 낙심하지 마십시오. 우리는 반드시 오랑캐를 물리쳐 버리겠읍니다."

하는 것이었읍니다.

사람들은 기가 콱 막혔읍니다.

어디로 가나?

원수 놈의 중공 오랑캐!

생각할수록 분하고 원통하기만 하였읍니다.

동네 사람들은 서슴지 않고 남쪽을 향하여 떠났읍니다.

어머니는 인순이 손을 잡고,

"자자, 서울로 가자. 서울 가 있다가 다시 돌아와서 훌륭한 살림을 차려야지. 그래야 아버지가 오셔도 기뻐하실 것 아니냐?"

하시면서도, 떠나려는 동네를 몇 번이고 돌아다보시는 것이었읍니다.

인순이는 눈보라가 사정 없이 내리퍼붓는 길을 걸었읍니다. 삼팔선도 걸어서 넘었읍니다. 어머니가,

"여기가 삼팔선이다."

하셨을 때, 인순이는, 소련 병정들이 어디서 총을 쏘았을가 하고, 사방을 둘러보았읍니다.

삼팔선에도 눈은 하얗게 덮여 있었읍니다. 보이는 것은 남으로 남으로 떼를 지어 내려가는 피란민들뿐이었읍니다. 그들은 그저 남 쪽만 바라보고 내려가는 것이었읍니다.

명길이는 평양 아주머니가 피란 오신 까닭을 자세히 들었읍니다. 그리고, 아주머니와 인순이가 아주 씩씩하다고 생각하였읍니다.

서울 장안도, 그 후 얼마 아니 가서, 수선수선하기 시작하였읍니다. 이삿짐이 골목골목에서 몰려 나오고, 트럭이 남쪽으로 달리기 시작하였읍니다.

명길이네도 또 다시 집을 비워 놓고, 피란을 하게 되었읍니다.

"원수 놈의 오랑캐들!"

명길이는 그 놈들 때문에 서울을 떠나는 것이 분했읍니다. 그러나, 아버지께서

"자, 어서 가자. 우리는 꼭 이긴다. 국군이 마음 대로 싸우게 해 드려야 지."

하시는 말씀을 듣고, 평양 아주머니가 피란 오신 까닭을 다시 생각하였읍니다.

명길이는 인순이와 같이 앞장을 서서 씩씩하게 걸었읍니다.

지도상 주의

취지

왜 피란을 하였을가? 이 책은, 정든 고향을 버리고 집을 떠나게 된 까닭을, 지난 8년 동안의 남한과 북한의 실정으로 표현하였다. 오래 동안 서로 그리워하며 오로지 국토 통일만 원하고 있다가, 이 번 사변으로 말미암아 다시 만난 우리 겨레는, 북한 꼭두각시와 그 무리 중공에 대하여, 새로운 적개심을 돋울 것이다. 이런 의미에서 우리 겨레는 무력전에 앞서 사상전으로 이겼다. 이 점에 특히 유의하여 주기 바란다.

요항

1. 해방 당시의 우리 나라. 2. 신탁 통치 반대.
3. 북한 동포의 월남. 4. 대한 민국 정부 수립.
5. 6.25 사변-국토의 통일 6. 중공군 침략-새로운 싸움.

주의

1. 어린이들과 그 집안의 경험을 발표시켜 정리할 것.
2. 북한과 남한의 실지 경험담을 들려 줄 것.
3. 피란민에 대한 동포애를 생활 행동으로 지도할 것.
4. 피란민으로서에 생활 지도에 힘쓸 것.
5. 싸움은 무력보다 먼저 사상으로 이겨야 한다는 것을 깨닫게 할 것.

단기 4284년 2월 20일 박음
단기 4284년 2월 25일 펌

전시 생활 2-1
싸우는 우리 나라

값	피란 학생에게 거저 줌.

지은·이 문교부
겸 펀 이
박 은 이 합동도서주식회사 대표자 양이영

ISBN 978-89-5955-111-8